À Monsieur le Comte de Flavigny,

Président de la Société de Secours aux Blessés Militaires des armées de terre et de mer,

Hommage, respect et dévouement.

— L'Auteur —

RAPPORT

SUR

L'AMBULANCE DE L'AMBASSADE

D'AUTRICHE-HONGRIE

A PARIS

DU 20 SEPTEMBRE 1870 JUSQU'AU 31 JANVIER 1871

RAPPORT

SUR

L'AMBULANCE DE L'AMBASSADE

D'AUTRICHE-HONGRIE

A PARIS

du 20 septembre 1870 jusqu'au 31 janvier 1871

VERSAILLES

IMPRIMERIE-LIBRAIRIE BEAU

RUE DE L'ORANGERIE, 36

—

1871

ALTESSES !

Entraînées par ce courant irrésistible de charité et de sympathie pour les souffrances humaines dont les cœurs de Vos Altesses sont remplis et dont Elles ont donné des preuves si abondantes dans le passé, — Son Altesse la Princesse ayant été spécialement une des premières parmi les Fondatrices et Dames Patronnesses de l'Œuvre internationale de Secours aux blessés des armées, — Vos Altesses ont voulu donner un nouveau témoignage de leur inépuisable bonté en décidant d'un commun accord, la veille du départ de Paris de Son Altesse le Prince, (le 18 septembre 1870), que leur résidence de Paris, rue de l'Elysée, nᵒ 2, recevrait une ambulance pour les blessés de la guerre franco-allemande, et Son Altesse le Prince m'a fait l'insigne honneur de m'en confier la direction médico-chirurgicale.

Deux jours après le départ de Son Altesse, l'ambulance était ouverte et a fait son service pendant plus de quatre mois que durait le siége de Paris, jusqu'après la conclusion de l'armistice. Elle a été close le 31 janvier 1871.

Les pages suivantes sont destinées à mettre en évidence les résultats de l'exercice de cette ambulance au point de vue administratif, financier et médico-chirurgical, résultats que j'ai cru devoir soumettre à l'appréciation et au jugement de Vos Altesses.

J'ai l'honneur d'être, avec un profond respect, de Vos Altesses,

le très-humble et dévoué serviteur,

J. MUNDY.

Paris, le 1er Mai 1871.

A Leurs Altesses,
Monsieur le Prince et Madame la Princesse Richard de Metternich-Winneburg.

RAPPORT

SUR

L'AMBULANCE DE L'AMBASSADE D'AUTRICHE-HONGRIE

A Paris, rue de l'Elysée, n° 2.

Son Altesse, Monsieur le prince Richard de Metternich-Winneburg, Ambassadeur de Sa Majesté Impériale et Royale Apostolique en France, avant de quitter Paris (18 septembre 1870) pour suivre, par ordre de son Souverain, la délégation du Gouvernement français de la défense nationale à Tours, a voulu donner un témoignagne marqué de sa sympathie pour les blessés de la guerre engagée entre la France et l'Allemagne.

Dans ce but, Son Altesse avait disposé, de concert avec Madame la Princesse son épouse, dont le nom est synonyme de charité et de bienfaisance, que sa résidence à Paris, rue de l'Elysée n° 2, recevrait une Ambulance composée de dix lits, qui serait installée au grand salon de réception et les chambres attenant au rez-de-chaussée. Cette Ambulance était pourvue, entièrement aux frais de Son Altesse, du matériel nécessaire au service de la grande chirurgie.

Pour réaliser cette idée généreuse, ceux des membres de l'Ambassade qui n'avaient pas quitté Paris à la suite de Son Altesse, savoir Messieurs le Conseiller d'Ambassade, Baron Raphaël Hubner, le Major Comte Alfred d'Uxkull attaché militaire, et le Comte Rodolphe Khevenhuller secrétaire d'Ambassade, ont été chargés de l'exécution de cette œuvre charitable et de la surveillance administrative et financière de l'Ambulance.

La Direction médico-chirurgicale fut confiée par Monsieur le Prince au soussigné auteur du présent rapport.

Le baron Hubner était le premier à prendre la direction administrative-financière. Il a immédiatement tout disposé de manière à pouvoir adresser, le 20 septembre 1870, à Monsieur le comte de Flavigny Président de la Société de secours aux blessés des armées de terre et de mer la lettre suivante :

Monsieur le comte de Flavigny, président de la Sociét Internationale de Secours.

Paris, 20 septembre 1870.

Monsieur le Comte,

Son Altesse le prince de Metternich m'ayant chargé de mettre à la disposition de la Société Internationale de secours une Ambulance de dix lits, j'ai l'honneur de vous informer que dès aujourd'hui tout est prêt pour recevoir dix blessés à l'hôtel de l'Ambassade d'Autriche-Hongrie, rue de l'Elysée n° 2.

Je n'ai pas besoin d'ajouter que l'Ambassade se chargera de tout, y compris le service médical, et que nous mettrons le soin le plus scrupuleux à adoucir et alléger autant que possible les souffrances des blessés que vous voudrez bien, d'accord avec Monsieur le Baron Docteur Mundy, Médecin Directeur de l'Ambulance confier à notre sollicitude.

Veuillez agréez, Monsieur le Comte, l'assurance de ma haute considération.

Pour l'Ambassade Impériale et Royale.

Le Conseiller de l'Ambassade.

Signé : Raphaël **HUBNER.**

Pour pouvoir donner un tableau aussi complet que possible de tout ce qui a rapport au service de l'Ambulance, le soussigné a demandé et obtenu de la Chancellerie de l'Ambassade les pièces administratives et les lettres qui s'y réfèrent, et les a conjointement avec les tableaux médico-chirurgicaux et autres disposées dans les différents chapitres qui suivent, savoir :

I. Localité,
II. Personnel,
III. Dépenses, subdivisées en 14 sections que voici :

1. Personnel.
2. Frais généraux.
3. Cuisine, comestibles.
4. Cave.
5. Epicerie.
6. Boulangerie.
7. Laiterie.
8. Appareils de chirurgie.

9. Pharmacie.

10. Lingerie, blanchissage, habillements.

11. Literie.

12. Ustensiles.

13. Eclairage et chauffage.

14. Divers.

IV. Tableau du mouvement hebdomadaire des blessés depuis le 22 septembre 1870 jusqu'au 31 janvier 1871. (Annexe I.)

V. L'Etat nominatif de tous les blessés avec référence au tableau de statistique et d'opérations. (Annexe II.)

VI. Tableau de statistique de la nature des blessures et des opérations (Annexe III.)

VII. Règlement sanitaire (Annexe IV).

VIII. Résumé général.

I. — LOCALITÉ.

L'Ambulance de l'Ambassade d'Autriche a occupé à l'Hôtel n° 2, rue de l'Elysée, le grand salon de réception situé au rez-de-chaussée élevé de plusieurs pieds au-dessus du sol, donnant sur une serre chaude embaumée de fleurs, et de là sur un jardin aboutissant au plein milieu de l'avenue des Champs-Elysées, plein de verdure et de végétation et exposé toute la journée aux rayons du soleil, circonstance bienfaisante pour les blessés pendant la rigueur exceptionnelle de la saison d'hiver.

Les conditions hygiéniques de la salle étaient excellentes. Munie d'un haut plafond, placée entre cour et jardin, pré-

cédée du côté de la cour d'un perron élevé et d'un vestibule
spacieux, et aboutissant vers le jardin à un pavillon vitré
formant serre, elle admettait une ventilation parfaite, et la
proximité de la large avenue des Champs-Elysées la garan-
tissait des miasmes et exhalaisons délétères des quartiers
populeux, en lui envoyant un air pur et frais.

Les lits de fer à sommiers élastiques bien matelassés,
fournis par l'hôtel de l'Ambassade donnaient tout le con-
fort nécessaire et désirable aux blessés.

A côté du salon de l'Ambulance se trouvait la chambre
des Sœurs et celle des infirmiers qui restaient constamment
à portée des blessés pour leur rendre tous les soins qu'exi-
geait leur état pendant le jour et la nuit.

II. — PERSONNEL.

Le personnel était composé de ¹M. le baron Hubner
qui dirigeait l'Ambulance du 20 septembre au 8 novembre
1870, jour de son départ, étant appelé à Vienne en Autriche et puis à Tours et Bordeaux ; — de M. le major
comte Uxkull qui en prit la direction après le départ du susdit
au 8 novembre 1870 et la continua jusqu'à la clôture, le
31 janvier 1871, assisté dans cette charge par M le comte de
Khevenhuller, secrétaire d'Ambassade ; de l'abbé de Rayneval, vicaire à la Madeleine, visiteur de l'Ambulance et le père
Lefèbvre, de la compagnie de Jésus, aumônier ordinaire ;
des Sœurs de Bon-Secours, Sainte Antonine et Sainte
Emmanuelle du 22 septembre au 1ᵉʳ novembre 1870 ;
Sainte Prospère, du 1ᵉʳ novembre 1870. au 13 février 1871

et Sainte Aglaé du 1er novembre 1870 au 31 janvier 1871 ; —
de MM. Max Krauss, secrétaire particulier de Son Altesse le
prince ; Georges Allen, chancelier de l'Ambassade , du
22 septembre au 6 novembre 1870, et François Soudan,
chancelier émérite de l'Ambassade, préposés à la comptabilité, du 6 novembre 1870 au 31 janvier 1871 ; —
de Nicolas Mouton et Pierre Bohan garçons de bureau de
l'Ambassade ; — Botschacker, Donebauer, Briens infirmiers ; — Victor Clary, cuisinier chef, Hector Jourdan, aide-
cuisinier ; — de Mmes Mazière, blanchisseuse, Madeleine
Moure, lingère ; Françoise, fille de cuisine ; Jules Glorian,
portier.

Le personnel médical était composé du soussigné,
Dr J. Mundy médecin-directeur de l'Ambulance du Corps
Législatif assisté de M. le Dr Mosetig, chirurgien en chef de
la même Ambulance et de MM. Christensen et Nissen,
internes à la dite Ambulance, — qui faisaient le service
des blessés jusqu'au 1er novembre 1870. A cette époque,
le nombre des blessés ayant augmenté à l'Ambulance du
Corps Législatif dans une très-forte proportion de manière
à absorber toute l'activité des médecins et chirurgiens, et
le médecin-directeur ayant une besogne multiple à remplir,
ce dernier n'a pu garder que la surveillance générale, quoi-
que journalière de cette Ambulance ; par ce motif il confia
le service direct et celui de la chirurgie à Monsieur le
docteur Emile Arendrup, de Copenhague, en qualité de
chirurgien en chef, fonction qu'il a remplie du 1er novembre 1870 jusqu'au 13 février 1871.

III. — DÉPENSES.

Les comptes généraux de l'Ambulance accusent pour l'époque partant du 20 septembre 1870 jusqu'au 31 janvier 1871 (1), un total de dépenses de . . 10,986 fr. 30 c. somme à laquelle vient s'ajouter celle payée depuis au couvent des sœurs de Bon Secours, à titre de rétribution, à raison de 5 fr. par jour pour service d'infirmerie fait par 4 sœurs pendant tout l'exercice, les sœurs n'ayant voulu être payées qu'après le retour de Bordeaux de l'Ambassade, soit . . . . . 1,370 »

ce qui élève le total de la dépense à.. . 12,356 fr. 30 c.

Cette somme se répartit sur les rubriques suivantes, savoir :

1. Personnel..	1,844 fr.	» c.
2. Frais généraux.	284	55
3. Cuisine, comestibles. . .	4,278	35
4. Cave.	144	50
Report. . .	6,551 fr.	40 c.

(1) Un soldat grièvement blessé et la sœur Sainte-Prospère pour le soigner restant à l'Ambulance au delà du 31 janvier et jusqu'au 13 février 1871, la dépense s'en est trouvée augmentée et n'a pas permis de clôre les comptes au 31 janvier précis. Ces dépenses sont comprises dans le total sus-indiqué.

		A reporter .	6,551 fr.	40 c.
5.	Epicerie.		492	85
6.	Boulangerie.		716	10
7.	Laiterie.		444	25
8.	Appareils de chirurgie . .		185	60
9.	Pharmacie.		192	85
10.	Lingerie, blanchissage et habillements		748	40
11.	Literie		54	00
12.	Ustensiles		203	75
13.	Eclairage et chauffage . .		1,740	00
14.	Divers		1,027	10

Total 12,356 fr. 30 c.

1. *Personnel.* — Dans la rubrique du *personnel* entrent les appointements et salaires des infirmiers et des domestiques, ainsi que l'indemnité des sœurs, à raison de 5 fr. par jour. Total : 1844 fr. 00 c.

2. *Frais généraux.* — Les *frais généraux*, 284 fr. 55 c., comprennent les dépenses se rattachant au service journalier de l'Ambulance, telles que voitures, tabac, cigares, menus objets de toilette, etc., etc.

3. *Cuisine.* — La *cuisine* accuse le chiffre de 4278 fr. 35 c., dans lequel sont compris aussi les approvisionnements en comestibles divers achetés pendant la famine et la chèreté extraordinaire de toutes les denrées. Ainsi, l'Ambulance du Corps législatif, dont celle de l'Ambassade était officiellement regardée comme la succursale, a vendu à cette dernière, au prix coûtant, de la viande, des légumes verts et secs, et autres denrées, pour un chiffre collectif de 880 fr.

4. *Cave.* — La dépense pour la *cave* est peu considérable (144 fr. 50 c.), vu que le vin ordinaire pour le service journalier a été fourni, à titre gratuit, par l'Ambulance du Corps législatif. Le chiffre indiqué porte sur les liqueurs et les vins extra achetés sur ordonnance des médecins.

5. *Épicerie.* — 6. *Boulangerie.* — 7. *Laiterie.* — Les rubriques d'*épicerie* (492 fr. 85 c.), de *boulangerie* (716 fr. 10 c.), et de *laiterie* (444 fr. 25) s'expliquent par elles-mêmes.

8. *Appareils de chirurgie.* — Quant aux *appareils de chirurgie,* la dépense n'a pas été forte pour ces objets dont l'emploi est motivé par le progrès de la science et l'humanisme éclairé de nos jours. Le chiffre mince de 185 fr. 60 c. s'explique d'ailleurs par la circonstance qu'une partie de ces appareils a été prêtée par l'Ambulance du Corps législatif.

9. *Pharmacie.* — La dépense de *pharmacie* 192 fr. 85 c. est également restreinte et porte principalement sur des cordiaux et reconfortants, et beaucoup moins sur des médicaments proprement dits dont la chirurgie ne fait qu'un usage fort restreint.

10. *Lingerie, blanchissage, habillements.* — La *linge-*

rie et les *habillements* avec le *blanchissage* entrent pour une somme plus forte que n'en accusent les rubriques précédentes. Elle était de 748 fr. 40 c. Cela s'explique, d'une part, par la fréquence du blanchissage, et son prix élevé pendant le siége, et, d'autre part, par la munificence grâce à laquelle le linge de corps a été laissé aux soldats guéris sortant de l'Ambulance et dépourvus de cet article de première nécessité. Des chaussons, des robes de chambre bien chaudes, des gilets de flanelle que l'Ambulance a fournis aux blessés ont puissamment contribué au bien-être et comfort des pauvres victimes de la guerre.

11. *Literie.* — La dépense pour la *literie* est de 54 fr., comprenant le renouvellement des couchettes au fur et à mesure des nouveaux arrivages de blessés.

12. *Ustensiles.* — Des *ustensiles* ont dû être achetés au nombre nécessaire pour les usages intérieurs et extérieurs de l'Ambulance. Le total est de 203 fr. 75 c.

13. *Éclairage et chauffage.* — Cette rubrique accuse un total de 1740 fr., chiffre suffisamment motivé et expliqué par l'état et les circonstances du siége. L'Ambulance fut éclairée par des lampes à l'huile, et le chauffage par calorifère à l'air chaud a présenté l'avantage d'aider encore à la bonne ventilation de la salle par le renouvellement continu de l'air chaud et frais circulant entre les cheminées et la serre.

Divers. — Quant à la rubrique de *divers*, 1,027 fr. 10 c., ici la plus grande partie de la dépense a été absorbée par les

cadeaux de Noël et les étrennes du Jour de l'an, les gratifi-
cations aux sœurs, menues dépenses pour l'amusement des
blessés, les raccommodages des effets, frais de coif-
fure etc., dont le détail est consigné sur le compte général
de l'Ambulance.

IV.

Le tableau du *mouvement hebdomadaire* (annexe I) fait
voir les entrées et sorties des blessés et malades depuis le
commencement jusqu'à la fin de l'Ambulance, arrêté de
semaine en semaine.

V.

Le tableau V, (annexe II) présentant l'*état nominatif* de
tous les militaires blessés et malades qui ont passé succes-
sivement par l'Ambulance, et qui ont été, en total, au
nombre de 42, ne fait mention que par chiffres des 8 malades qui, le 26 novembre 1870, au soir, avaient été indû-
ment, et presque par force, introduits dans l'Ambulance
par un employé de la mairie du 8ᵉᵐᵉ arrondissement, mais
aussitôt évacués, une partie le même soir, et l'autre partie
le lendemain matin, après avoir été pourvus de la nourriture nécessaire qui leur avait manqué. Cet incident et ses
suites sont racontés plus au long au chapitre *Résumé*.

VI.

Le tableau statistique des cas traités dans l'Ambulance

(annexe III) forme le complément des deux tableaux précé-
dents. Tous les trois sont de nature à s'expliquer mutuel e-
ment. Ce tableau contient, en outre, l'indication de la
nature des blessures et des opérations chirurgicales qui
étaient nécessaires. Il appert de ce tableau que la mortalité
dans cette Ambulance n'a pas dépassé le chiffre de **2,4** pour
cent. Sur 42 sujets traités, il n'y a eu qu'un seul cas de
décès dans le courant de 4 mois et demi.

VII. — Règlement sanitaire.

Le règlement sanitaire en vigueur était emprunté à celui
qui fut introduit par moi à l'Ambulance du Corps Législatif : je croyais bon de le joindre en copie à l'annexe **IV** à
la fin de ce rapport.

VIII. — Résumé.

Après avoir donné dans ce qui précède l'image pour
ainsi dire matérielle de l'Ambulance de l'ambassade d'Autriche, il me reste à retracer brièvement son historique et
à en donner le tableau moral et les résultats définitifs, sans
oublier quelques incidents qui se sont produits pendant
son existence, et qui portent l'empreinte du siége à jamais
mémorable que nous venons de traverser.

Rarement aura-t-on vu un établissement improvisé tel
qu'une Ambulance militaire créée du jour au lendemain,
réunir à la bonne disposition des moyens matériels, des

moyens moraux d'une efficacité si parfaite que ceux que cette Ambulance Autrichienne et internationale a su mettre én œuvre. Aussi, n'est-il pas étonnant que les résultats chirurgicaux et médicaux aient été brillants au point de placer cette Ambulance sur la première ligne parmi tous les établissements de cette catégorie, c'est-à-dire les Ambulances particulières.

Le mérite de ces résultats ne saurait être attribué qu'à l'action concordante de tous les organes qui ont coopéré à l'œuvre, et à l'impulsion donnée dans ce sens par MM. les membres de l'Ambassade.

D'abord une stricte économie, combinée avec la largeur en tout ce qui concerne le bien-être des blessés et la marche régulière du service, a présidé à la partie administrative-financière de l'Ambulance. Malgré la famine dont la période d'intensité n'a pas duré moins de six semaines, élevant les prix de tous les aliments à une hauteur fabuleuse que l'on ne retrouve dans l'histoire des siéges, à moins de remonter jusqu'à celui de Jérusalem par Titus ou à celui de Babylone, par Nabuchodonosor, les blessés n'ont pas manqué un seul jour de la nourriture telle que la réclamait l'état de leur maladie, et, en outre, abondante, choisie et bien variée, pour répondre aux désiderata de l'hygiène moderne et de la diététique raisonnée.

Voilà pour le côté matériel.

Nous avons dit que M. le baron Raphaël Hubner avait pris et continué la direction jusqu'au jour de son départ, le 8 novembre 1870. Les blessés avaient bien raison de se réjouir d'être placés sous son autorité et de bénir son nom lorsqu'il était parti, en se rappelant la sollicitude charitable qu'il n'a pas cessé de leur prodiguer. Il prit le soin de leur corps et de leur âme ; il les encourageait de bonnes paroles ; il leur procurait des distractions, jeu de dames, d'échecs, jeu de cartes, etc. ; il relevait le moral aux défaillants par le secours de la piété dont il leur donna l'exemple ; il fortifia leur constance par ses exhortations amicales et adoucit leurs souffrances par de petits cadeaux et des fêtes intimes qu'il a su arranger à ses propres frais, et qui apportaient un baume aux plaies morales que la souffrance et l'ennui ne laissent pas de produire.

Lui parti, suivi des regrets et des bénédictions des blessés, M. le comte d'Uxkull se chargea de la continuation de l'œuvre de charité entreprise par Son Altesse le Prince.

Les circonstances du siége devenaient de plus en plus graves ; des privations cruelles étaient imminentes ; les dangers de plus en plus menaçants ; il fallut un cœur bien trempé pour envisager les éventualités possibles avec calme et courage.

C'est alors que le comte d'Uxkull fut appelé à déployer, comme directeur de l'Ambulance, les qualités brillantes et solides de sa haute intelligence, ses connaissances dans l'hygiène militaire basées sur l'expérience acquise par des études et la pratique, dans les guerres. Militaire lui-même, il sut, dès l'abord, inspirer une confiance spontanée aux blessés dont il savait parler le langage et toucher la corde sensible ; il lui fut, dès lors, facile de leur communiquer son intrépidité sereine en face des dangers imminents, et tandis que, payant de sa personne, il alla ramasser sur les champs de bataille les victimes tombées sous le fer et la mitraille, il n'oublia aucun des soins dus à ceux qui se trouvaient déjà sous le toit hospitalier de l'Ambulance. Il soutint leur courage et leur espoir par des paroles calmes et bienveillantes ; aux braves et bien méritants, il procura des récompenses honorifiques du gouvernement, et leur fit cadeau des marques de distinction, médailles ou croix.

M. le comte Rodolphe de Khevenhuller était en tout son coopérateur fidèle, tant sur les lieux de combat que dans les soins à donner aux blessés. Sa vivacité, son humeur gaie, et l'intérêt qu'il prit à chaque blesse séparément, lui concilièrent l'attachement enthousiaste de tous.

Les âmes saisies par les souffrances morales ou matérielles, quelle que soit leur indifférence pour les choses élevées au dessus du monde terrestre, tant qu'elles sont prises par les préoccupations ou les passions purement mondaines, se replient volontiers en temps de crise sur leur for intérieur, et ouvrent leur cœur à la voix douce de la piété : c'est ainsi que les dignes ecclésiastiques qui s'étaient chargés du traitement spirituel des blessés ont pu exercer leur saint ministère, et verser les trésors de la consolation religieuse dans les cœurs chrétiens préparés à les recevoir.

M. l'abbé de Rayneval, vicaire de l'église de la Madeleine, par son onction, ses manières douces et ses paroles bienveillantes, chaque fois qu'il venait visiter l'Ambulance, a apporté le soulagement et l'espoir aux blessés.

Le Père Lefèvre, de la Compagnie de Jésus, aumônier ordinaire, avec le zèle accoutumé de son ordre, n'a pas manqué un jour à sa sainte vocation ; tous les dimanches et fêtes, il célébra la sainte messe et visita assidûment le chevet des souffrants.

Ces dignes ministres de la religion étaient puissamment assistés dans leur tâche par les sœurs Antonine, Emmanuelle, Prospère et Aglaé, qui, s'inspirant des préceptes de notre Sauveur, des règles chrétiennes de leur Congrégation, et de la charité innée au cœur de leur sexe, ont été toutes de véritables samaritaines auprès des lits de douleur confiés à leur sollicitude, laquelle ne s'est démentie à aucun moment du jour et de la nuit.

Il faut particulièrement relever la merveilleuse aptitude et l'habileté déployées par la sœur Prospère au pansement des blessés, et l'infatigable assiduité de la sœur Aglaé au chevet du lit des souffrants, qui la voyaient au premier appel accourir, le sourire de bonne humeur invariablement sur les lèvres et une gaieté encourageante épanouie sur le visage.

Tous les soirs, elles faisaient la prière en commun avec les blessés. A cette occasion, on n'oublia jamais d'implorer la bénédiction du ciel pour leurs Altesses le Prince et la Princesse, leurs généreux bienfaiteurs.

C'est cette conduite pleine de sacrifice et de dévouement qui a dicté à M. le comte d'Uxkull la lettre ici transcrite, adressée par lui vers la fin du service de l'Ambulance à la Mère Supérieure de la Congrégation.

Paris, 31 Janvier 1871.

Madame la Supérieure,

Quand au commencement du siége le prince de Metternich a fait instituer une ambulance à l'hôtel de l'ambassade, vous avez bien voulu prêter votre concours en offrant de donner deux sœurs pour les soins des blessés.—En face de la nouvelle phase dans laquelle nous entrons maintenant il a paru opportun de dissoudre l'ambulance qui a fonctionné pendant plus de quatre mois, et dans cette période où le concours au soulagement des victimes de la guerre était un devoir pour tout le monde. C'est au nom de S. A. le prince de Metternich, absent à Bordeaux, que je m'empresse de vous exprimer les plus chaleureux remercîments, Madame la Supérieure. — Le dévouement des Sœurs Saint-Prosper et Sainte-Aglaé pour les blessés, leurs qualités incomparables et leur excellente influence ont fait qu'il était possible d'obtenir de si excellents résultats. Je ne saurais assez louer non-seulement le zèle, mais aussi l'excellent esprit qui régnait parmi les blessés et qui était dû pour la plus grande partie à la sage direction qu'exerçaient les sœurs. — Un des blessés, gravement atteint, restera quelque temps encore à l'hôtel et je me permets de vous demander, Madame la Supérieure, de vouloir bien lui laisser encore la Sœur Saint-Prosper, aussi longtemps qu'elle-même le jugera nécessaire.

J'ai l'honneur, Madame la Supérieure, de vous prier d'agréer l'expression de ma plus haute considération et de mes remercîments réitérés.

L'attaché militaire à l'Ambassade d'Autriche-Hongrie,
Directeur de l'Ambulance,

(Signé) Comte d'Uxkull.

Pendant leur présence à Paris, du 20 septembre au 6 novembre 1870, MM. Max Krauss, secrétaire particulier de Son Altesse le prince, et Georges Allen, chancelier de l'ambassade, et, après leur départ pour Tours, M. François Soudan, chancelier émérite, ont été préposés à la comptabilité et à l'exécution de la besogne administrative. Ils s'en sont acquittés avec un zèle, une intelligence et un empressement dignes de la bonne cause qu'ils ont servie, et se sont acquis des témoignages sincères de reconnaissance de la part des blessés, auxquels ils ont rendu mille services en réalisant leurs petits désirs, les mettant en conmunication avec leur famille ou leurs amis, leur procurant de petits comforts.

Les infirmiers Donebauer, Botschacker et Briens ont également bien mérité des blessés servis par eux avec une bonne volonté, une intelligence et un dévouement que l'on peut appeler fraternel. Briens était en outre un garçon plein de dévotion et de piété, et fit fonction de ministrant aux saints offices des dimanches et des fêtes.

Quand un établissement, un système, une machine marchent comme il faut, c'est que non-seulement les moteurs sont parfaits, mais que tous les rouages, jusqu'aux plus petits, apportent leur tribut de coopération dans le travail d'harmonie générale.

C'est à ce titre que l'on ne saurait oublier de mentionner les bons services et l'empressement du personnel de service de la maison de Son Altesse, notamment :

Victor Clary, cuisinier en chef qui, grâce à ses connaissances dans l'art culinaire, principe important de l'art de guérir perfectionné de notre époque, a contribué de sa part au bien-être des blessés, ayant pour aide Hector Jourdan.

Les garçons de bureau de l'ambassade, Nicolas Mouton et Pierre Bohan ont également apporté leur tribut à l'œuvre commune par les services de différentes sortes rendus avec une bonne volonté toujours prête à agir.

C'est ainsi que n'oubliant aucune personne, même la plus humble, pour que le souvenir de leur dévouement reste au moins consigné sur ces pages fugitives dédiées à Leurs Altesses, on rappelle les noms de Mmes Mazière, blanchisseuse, Madeleine Moure, lingère, Françoise, fille de cuisine, les deux premières ayant fait le travail de la lingerie, rude et fatigant, surtout pendant l'époque du siége où le combustible fut rare et le froid intense ; et la dernière fai-sant des courses longues et fastidieuses pour ne pas faire manquer de viande les blessés, que tout le personnel de la maison regardait comme des membres d'une seule et même famille.

Passant au personnel médical, il a été dit déjà que, du commencement de l'Ambulance jusqu'au 5 novembre 1870, le service de chirurgie fut fait par M. le docteur Mosetig, de la Faculté de Vienne, dont la science profonde jointe à la pratique de son art, a contribué pour une partie princi-pale aux succès brillants de cette Ambulance. Il était assisté par deux jeunes élèves chirurgiens, MM. Christensen et Nissen natifs de Norwège, ses collaborateurs à l'Ambulance du Corps Législatif, dont le zèle, l'activité, l'adresse et les bons procédés vis-à-vis des blessés leur ont acquis la sym-pathie, la confiance et la reconnaissance générales.

A partir du 5 novembre, lorsque les soins à donner aux blessés du Corps Législatif absorbaient tout le temps de ces messieurs, le soussigné médecin-directeur pria M. le doc-teur Emile Arendrup, de Copenhague, de se charger, en qualité de chirurgien en chef, de la partie chirurgicale de l'Ambulance.

M. le docteur Arendrup qui, au commencement du siége de Paris, avait été chirurgien en chef de la première Ambulance volante de la Société de secours, ensuite chef de service de deux salles de l'ambulance au Palais de l'In-dustrie, a apporté à sa nouvelle mission un savoir solide, appuyé par une belle expérience dans la chirurgie militaire. Il sut joindre à la fermeté dans l'accomplissement de ses devoirs, un amour fraternel et des procédés bienveillants envers les blessés qui lui ont gagné tous les cœurs. Même après la cessation de l'Ambulance, il s'est dévoué au service des évacuations, du rapatriement des blessés et autres missions pour la Société. Il fait actuellement le service des blessés à Versailles et prendra la direction d'un service chirurgical dans l'ambulance du parc de Saint-Cloud, qui sera placé sous ma direction.

Aussi M. le comte Hoyos en l'absence de son Altesse le prince de Metternich, chargé d'affaires d'Autriche-Hongrie a-t-il cru de son devoir d'adresser la lettre ci-après à M. le ministre de Danemark :

Versailles, le 25 Avril 1871.

Monsieur le Comte,

Je remplis un devoir, qui m'est particulièrement agréable, en appelant par votre gracieuse entremise, si vous le jugez convenable, l'attention du gouvernement royal de Danemark sur un de vos nationaux, M. le docteur Arendrup.

M. Arendrup était pendant trois mois chirurgien en chef de l'Ambulance pour les blessés militaires établie durant l'époque du siége de Paris à l'Ambassade d'Autriche-Hongrie.

Durant toute cette terrible crise son zèle, son dévouement et son abnégation ne se sont pas démentis un seul instant et il a donné des preuves d'un talent chirurgical très-remarquable.

Je me plais à ajouter qu'il a tenu à honneur à ne recevoir aucune rétribution pour les services éminents rendus aux nombreux blessés confiés à ses soins habiles.

Veuillez agréer etc,

Le chargé d'affaires d'Autriche-Hongrie,

Signé : Comte HOYOS.

Son Excellence, Monsieur le comte de Moltke,
Ministre de Danemark, etc. etc. etc.

Rendre justice ainsi au vrai mérite est une tâche agréable et d'autant plus facile au soussigné, Médecin-Directeur, qu'il a tout vu passer sous ses yeux et n'a eu qu'à laisser faire en toute confiance.

La liste nominative des blessés contient, ainsi qu'il a déjà été mentionné plus haut, huit malades anonymes. Ces hommes ont été, le 26 novembre au soir, amenés, sans avis préalable, et introduits de force dans l'Ambulance, par des employés municipaux du 8ᵉ arrondissement. Reçus sous protêt, pour faire cesser le scandale d'une scène regrettable, ces malades ont été évacués quelques heures après sur des hôpitaux, leur place naturelle.

Le lendemain, le Médecin-Directeur, soussigné, a adressé la communication qui suit à M. Jules Ferry, président de la Commission des ambulances.

Au Président de la Commission des ambulances, Monsieur Jules Ferry, maire de Paris, séant à l'Hôtel-de-Ville.

AMBULANCE DU CORPS LÉGISLATIF, ET SA SUCCURSALE,
2, RUE DE L'ELYSÉE.

Paris le 27 novembre 1870.

Monsieur le Président,

J'ai l'honneur de porter à la connaissance de la Commission un fait révoltant, et surtout arbitraire :

Hier 26 novembre, à 10 heures du soir, des agents se disant appartenir à la Mairie du 8ᵉ arrondissement ont amené devant la porte de l'Ambassade d'Autriche-Hongrie, 2, rue de l'Elysée, un nombre de militaires malades, atteints de variole, de dyssenterie, de gale, réunis pêle-mêle, pour les placer à l'Ambulance établie dans une partie de l'hôtel.

Forçant la consigne du concierge par une attitude autoritaire, ils ont prétendu installer dans l'Ambulance encore plus de sujets qu'il n'y avait de lits vacants, mettant ainsi la maison et les blessés en danger d'infection certaine.

A cette attitude violente ces hommes ajoutaient encore l'injure. Ils disaient que cette Ambulance n'était pas sérieuse, qu'elle ne servait que de prétexte pour soustraire la maison aux obligations communes.

Or, l'Ambulance de l'Ambassade d'Autriche-Hongrie, instituée en même temps que celle du Corps Législatif est affiliée à la société de secours aux blessés des armées, et organisée à la date du 20 septembre comme dépendance de cette dernière sous ma direction médico-chirurgicale, entièrement aux frais de l'Ambassadeur Prince de Metternich pour recevoir exclusivement des blessés, et son service médical est fait par un chirurgien en chef qui ne doit pas s'occuper de maladies.

Je proteste avec la dernière énergie contre le fait d'envahissement commis contre le droit du domicile et de l'hospitalité internationale et accompagné de procédés contraires à toute politesse, et prie instamment la Commission de vouloir, par des ordres sévères, mettre un terme à des procédés anarchiques comme ceux indiqués plus haut et défendre que des *malades* soient envoyés dans cet établissement organisé quant au service médical et le matériel, exclusivement pour les grièvement blessés.

J'ai l'honneur d'être, avec respect, votre serviteur dévoué,

Signé : Dr MUNDY.

Communication a été donnée de cette pièce à M. le comte d'Uxkull, par la lettre ci-après :

Monsieur le Comte d'Uxkull, attaché militaire à l'ambassade d'Autriche-Hongrie.

AMBULANCE DU CORPS LÉGISLATIF, ET SA SUCCURSALE, 2, RUE DE L'ELYSÉE.

Paris, 27 novembre 1870.

Monsieur le Comte,

Je me fais l'honneur de vous donner communication de la lettre que j'ai adressée au Président de la Commission des Ambulances, M. Jules Ferry, Maire de Paris, au sujet des faits qui se sont passés le 26 novembre à l'Ambulance de l'Ambassade d'Autriche-Hongrie.

J'espère que les autorités sauront empêcher que pareil abus se reproduise de la part des agents municipaux.

Veuillez, Monsieur le Comte, agréer la nouvelle assurance de ma très-haute considération,

Signé : Dr MUNDY.

La dénonciation du fait arbitraire commis par l'agent municipal subalterne, eut pour effet immédiat que des excuses furent adressées à M. le comte d'Uxkull, de la part du Directeur du secteur de l'hôpital de Beaujon, du maire du 8ᵉ arrondissement et de M. le baron de Larrey, médecin en chef de l'armée, qui sont venus tous personnellement énoncer leur regret au sujet de ce qui s'était passé, promettant de veiller à ce que pareil fait ne se reproduise plus.

La veille de Noël 1870 est une date mémorable dans l'histoire de l'Ambulance : MM. les comtes d'Uxkull et de Khevenhuller, sachant avec quelle dévotion et quel amour Leurs Altesses tenaient toujours à célébrer les fêtes de Noël, n'ont pas voulu, malgré les tristes circonstances publiques, laisser passer l'anniversaire de la naissance de notre Sauveur sans se conformer à ce noble exemple.

Après avoir fait servir des plats extra à chacun des blessés, suivant son état sanitaire, et gratifié chacun d'un cadeau approprié à son goût ou à ses besoins, en doublant la valeur du don par l'intention bienveillante et la manière de l'offrir, toute la maison et plusieurs personnes amies furent convoquées pour assister à la messe de minuit. Au fond de la salle d'ambulance un autel magnifique avait été dressé, devant lequel l'office divin fut célébré par M. l'abbé de Rayneval, vicaire de l'église de la Madeleine, en présence d'un auditoire recueilli, dont faisaient partie MM. les membres de l'Ambassade, le soussigné, accompagné de MM. les chirurgiens de l'Ambulance du Corps Législatif, un nombre de dames étrangères à la maison, mais qui portaient un constant intérêt à l'Ambulance et qui étaient venues avec leurs enfants prendre part chrétiennement à cette fête de famille, tandis que les blessés suivaient de leur lit la cérémonie religieuse et se fortifiaient dans leurs douleurs et angoisses par l'administration des sacrements.

Une de ces dames assistantes, visiteuse quotidienne de l'Ambulance, pieuse, dévote et charitable, touchée par l'exemple et illuminée par le Saint-Esprit, établit dès-lors une Ambulance pour son compte, qu'elle continua jusqu'après l'armistice, rue de la Chaussée-d'Antin, 57.

Les conditions hors ligne sous le rapport de l'hygiène, de la diététique et le traitement chirurgical dans lesquelles se trouvait l'Ambulance, du commencement jusqu'à la fin, ont assigné à cet établissement hospitalier sa place parmi les premiers de son genre. Cette prééminence était reconnue par les premières autorités médicales, parmi lesquelles on doit mentionner M. le baron Larrey, médecin en chef de l'armée qui témoigna de son vif intérêt pour l'Ambulance en venant la visiter fréquemment.

Ce qui n'est pas moins concluant, c'est que les blessés, qui sont évidemment les personnes le plus directement intéressés, tenaient bien fort à cet agréable et hospitalier séjour et ne craignaient rien autant que d'être changés de place même après leur guérison complète.

Aussi M. le délégué du ministre de la guerre et de la marine, le comte Sérurier, en sa qualité de visiteur officiel des Ambulances, tenait-il à exprimer sa haute satisfaction sur l'état de cette Ambulance durant ses fréquentes visites. L'Ambulance a été aussi fréquemment honorée de l'inspection bienveillante de MM. le comte de Flavigny, président de la Société de secours aux blessés ; comte de Beaufort, secrétaire général de la même société ; docteur Chenu, médecin-inspecteur et directeur général des Ambulances de ladite société ; enfin, par bon nombre de notabilités médicales et de membres du corps diplomatique.

Mais la meilleure preuve de la haute considération que l'établissement a su mériter, est fournie par les deux lettres écrites, par M. le Président de la Société de Secours, comte de Flavigny, l'une à M. le comte Uxkull, l'autre à Son Altesse le Prince, dont la teneur suit :

Paris, 7 Février.

Cher Comte, voulez-vous me permettre de placer en vos mains une lettre que je me fais un devoir d'adresser, au nom de ma société, au prince de Metternich? Dans la reconaissannce que je lui exprime, vous avez une juste part : croyez que je n'oublierai jamais, ni moi, ni les miens, ni ma société, la responsabilité délicate que vous avez si généreusement acceptée : croyez qu'elle a été bien appréciée par nous tous et que nous restons vos obligés pour la vie.

P.-S.   Comte de Flavigny.

Soyez, je vous prie, mon interprète auprès du comte de Khevenhuller que j'associe pleinement à tous mes sentiments pour vous.

Paris, 7 Février 1871.

Mon Prince,

Si Paris n'avait pas été depuis près de cinq mois un tombeau scellé dans les ténèbres, vous auriez entendu plus d'une fois les accents de notre reconnaissance : la Société que je préside vous a, à Votre Altesse, à madame la princesse de Metternich et à l'Autriche les plus grandes obligations ; je viens vous en remercier avec une respectueuse cordialité.

Vous avez, mon Prince, dans votre propre hôtel établi et maintenu à vos frais, et de grands frais, pendant près de 5 mois, une ambulance qui a sauvé bien des blessés : l'ardente charité de madame la princesse de Metternich planait au-dessus de cette demeure hospitalière, car personne n'y mourait et tous y guérissaient.

Nous devons aussi à l'Autriche l'actif, le dévoué, le courageux concours d'éminents médecins qui ont partagé nos périls et nos privations : le ***** et le docteur Mosétig ont été sous le feu de l'ennemi relever nos blessés — puis dans l'ambulance du Corps législatif, ils les ont soignés, consolés, et le plus souvent guéris. Leurs lumières, leur expérience ont été bien précieux au conseil de notre société. J'aurais trop à dire, si j'entrais, avec Votre Altesse, dans le récit de tout ce qu'ils ont fait à Paris de bon, d'utile et de généreux.

Enfin, mon Prince, quand notre société, obligée subitement de quitter le Palais de l'Elysée, s'est trouvée dans un grand embarras, le comte d'Uxkull, assisté du comte de Khevenhuller, s'inspirant de vos nobles sentiments pour la France et de la sympathie si éprouvée de la Princesse pour notre œuvre, a bien voulu prendre sur lui de nous accorder une bien utile hospitalité dans la future demeure des représentants de l'Autriche. Aussi notre reconnaissance se reporte-t-elle tout à la fois et vers l'empereur d'Autriche, roi de Hongrie, votre-auguste maître, vers Votre Altesse, vers vous qui depuis long temps et héréditairement représentez à Paris un grand gouvernement ami de la France, vers la princesse de Metternich, qui est comme une des plus hautes expressions de la société européennne et qui s'est intéressée si vivement à nos travaux et à nos douleurs. Cette reconnaissance, mon Prince, est profondément gravée dans le cœur de tous les membres de notre société : elle est particulièrement inaltérable dans celui de son Président.

Veuillez en accueillir la respectueuse expression avec votre bonté accoutumée.

Agréez aussi, mon Prince, le nouvel hommage de ma plus haute considération.

Le Président de la Société de Secours aux Blessés,

Comte de FLAVIGNY.

Ici ma plume s'arrête, j'ai fini ma tâche, en déposant dans ces quelques pages périssables le souvenir d'une œuvre bienfaisante. Ce qui survivra à ce frêle monument, ce sont les bénédictions d'un bon nombre de victimes du triste fléau de la guerre dont les souffrances ont été adoucies grâce à la noble munificence de Leurs Altesses. Mais, tous ceux qui concoururent avec tant d'abnégation et de désintéressement au soulagement de l'humanité souffrante, loin d'aspirer à aucune reconnaissance extérieure trouveront, certes, dans la conscience de l'œuvre accomplie la récompense la plus douce, suivant la devise d'un ancien philosophe : « Le prix des vertus se trouve en elles-mêmes ; la récompense d'une bonne action est de l'avoir accomplie.

(*Virtutum pretium in ipsis est ; recte facti merces est fecisse.* — *Sen.*)

Paris, le 1er mai 1871.

J. MUNDY.

TABLEAU

DU MOUVEMENT HEBDOMDAIRE

DES ENTRÉES ET SORTIES DES MALADES ET BLESSÉS

DEPUIS LE 22 SEPTEMBRE 1870

JUSQU'AU 31 JANVIER 1871.

PÉRIODES.	Restés fin de la semaine dernière.		Entrés.		Total.		SORTIS. Par billet ou évacuation.		Décédés.		Total.		Restés fin de la semaine.			OBSERVATIONS
	Blessés.	Malades.	Blessés.	Malades.	Blessés.	Malades.	Blessés.	Malades.	Blessés.	Malades.	Blessés.	Malades.	Blessés.	Malades.	Total.	
1870 Du 22 au 28 sept.	»	»	1	6	1	6	»	1	»	»	»	1	1	5	6	
» 29 sept. au 5 oct.	1	5	4	»	5	5	1	4	»	»	1	4	4	1	5	
» 6 oct. au 12 oct.	4	1	5	»	9	1	»	»	»	»	»	»	9	1	10	
» 13 d° au 19 oct.	9	1	»	»	9	1	»	»	»	»	»	»	9	1	10	
» 20 d° au 26 oct.	9	1	3	»	12	1	2	1	»	»	2	1	10	»	10	
» 27 d° au 2 nov.	10	»	»	»	10	»	»	»	»	»	»	»	10	»	10	
» 3 nov. au 9 nov.	10	»	5	»	15	»	10	»	»	»	10	»	5	»	5	
» 10 d° au 16 nov.	5	»	»	»	5	»	»	»	»	»	»	»	5	»	5	
» 17 d° au 23 nov.	5	»	1	»	6	»	2	»	»	»	2	»	4	»	4	
» 24 d° au 30 nov.	4	»	1	8	5	8	1	8	»	»	1	8	4	»	4	26 nov. au soir envahissement de l'ambulance par huit malades contagieux.
» 1er déc. au 7 déc.	4	»	5	»	9	»	1	»	»	»	1	»	8	»	8	
» 8 d° au 14 déc.	8	»	»	»	8	»	»	»	1	»	1	»	7	»	7	
» 15 d° au 21 déc.	7	»	»	»	7	»	2	»	»	»	2	»	5	»	5	
» 22 d° au 28 déc.	5	»	1	»	6	»	»	»	»	»	»	»	6	»	6	
1870-1871. » 29 d° au 4 janv.	6	»	1	»	7	»	1	»	»	»	1	»	6	»	6	
» 5 janv. au 11 janv	6	»	»	»	6	»	1	»	»	»	1	»	5	»	5	
» 12 d° au 18 janv	5	»	1	»	6	»	»	»	»	»	»	»	6	»	6	Suprin Jules, après la clôture de l'ambulance (31 janvier) y est resté jusqu'au 12 février, et est évacué ce jour-là à l'ambulance du Corps Législatif.
» 19 d° au 25 janv	6	»	»	»	6	»	»	»	»	»	»	»	6	»	6	
» 26 d° au 31 janv	6	»	»	»	6	»	5	»	»	»	5	»	1	»	1	
			28	14			26	14	1	»	27	14				
			42								**41**				**1**	

ETAT NOMINATIF

DU MOUVEMENT DES MILITAIRES BLESSÉS ET MALADES

ENTRÉS A ET SORTIS DE L'AMBULANCE

DEPUIS LE 22 SEPTEMBRE 1870 JUSQU'AU 31 JANVIER 1871

AVEC INDICATION DES OPÉRATIONS CHIRURGICALES

ET DE LEURS RÉSULTATS.

N° du Registre.	Date de l'entrée.	NOM et Prénom — Reçu de	Âge.	GRADE et Corps.	LIEU de naissance et département.	BLES... où quan...
1	1870 sept. 22	**Guiller** DENIS de l'ambulance du Corps Législatif.	21	Soldat du 4e batail. 4e Cie de la garde mobile de la Côte d'Or.	Essey Côte-d'Or	»
2	22	**Dufeu** LOUIS. de l'ambulance du Corps Législatif.	22	Soldat du 35e rég. de lign. N. matricule. 2,941.	Dasilli Sarthe	»
3	22	**Le Bouillonnec** VICTOR-HONORÉ. de l'ambulance du Corps Législatif.	22	Soldat du 35e rég. de lign. N° matricule. 4,502.	Tréquier Côtes-du-Nord	»
4	22	**Segret** LOUIS. de l'ambulance du Corps Législatif.	23	Soldat du 13e reg. d'artil. N. matricule. 6,116.	Bourges Cher	»
5	22	**Pinchon** VICTOR. de l'ambulance du Corps Législatif.	21	Soldat du 35e reg. de lign. N. matricule. 4,715.	Négreville Manche	»
6	24	**Berthé** JEAN. de l'ambulance du Corps Législatif.	21	Soldat du 11e reg. de lign. 2e batail. 8e Cie N. matricule. 6,263.	Chabannais Charente	»

NATURE de la blessure ou maladie.	OPÉRATIONS ou autres procédés chirurgicaux.	SORTIS.	DÉCÈS.
Angine. tonsillaire.	»	3 octobre à l'Intendance.	»
Fièvre intermittente.	»	25 septembre à l'Intendance.	»
Bronchite.	»	3 octobre à l'Intendance.	»
Bronchite. Eczema-scroti.	»	3 octobre à l'Intendance.	»
Dyssenterie.	»	3 octobre à l'Intendance.	»
Rhumatisme (Muscul.)	»	24 octobre à l'Intendance.	»

N° du Registre.	Date de l'entrée.	NOM et Prénom — Reçu de	Age.	GRADE et Corps.	LIEU de naissance et département.	BLES où qua
7	sept. 24	**Prudhomme** JULES. — Du champ de bataille.	22	Soldat du 97ᵉ rég. de lign. N. matricule. 5,579.	St-Michel	»
8	30	**Franck** OSCAR. de l'ambulance du Corps Législatif.	23	Garde mobile de la Seine 13ᵉ batail. 6ᵉ Cie	Auteuil Paris	St-D le 22
9	30	**Favier** MICHEL. de l'ambulance du Corps Législatif.	26	Soldat du 90ᵉ reg. de lign. 1ᵉ batail. 2ᵉ Cie N. matricule 4,313.	Clermont Puy-de-Dôme	Ville le 19
10	oct. 2	**Bruant** JULES. — Du champ de bataille.	23	Soldat du 69ᵉ reg. de lign. 4ᵉ batail. 6ᵉ Cie N. matricule 4,845.	Châlon sur Saône	
11	2	**Vérani** HONORÉ. de l'ambulance du Corps Législatif.	22	Soldat du 67ᵉ reg. de lign. 4ᵉ batail. 3ᵉ Cie N. matricule 5,806.	Scarène Alpes- Maritimes	»
12	8	**Delmas** LOUIS. de l'ambulance du Corps Législatif.	24	Sergent 69ᵉ reg. de lign. 4ᵉ batail. 6ᵉ Cie N. matricule 4,551.	Réalville Tarn-et- Garonne	L' le 30

NATURE de la blessure ou maladie.	OPÉRATIONS ou autres procédès chirurgicaux.	SORTIS.	DÉCÈS.
up de fusil superficiel au dos. échirure de la peau.	»	3 octobre à l'Intendance.	»
Coup de fusil. e du doigt méd. gauche	"	Convalescent 3 novembre, à l'ambulance, 90, rue St-Lazare.	»
racture comminutive a mâchoire inférieure. Coup de fusil.	»	Convalescent 3 novembre, à l'ambulance, 90, rue St-Lazare.	»
Coup de fusil au poignet droit.	»	3 novembre à l'Intendance.	»
aris à la main gauche.	»	24 octobre à l'Intendance.	»
p de fusil à l'avant-bras it et à la jambe droite.	»	Convalescent 6 novembre à l'ambulance, 51, rue de la Chaussée-d'Antin.	»

N° du Registre.	Date de l'entrée.	NOM et prénom — Reçu de	Age.	GRADE et Corps.	LIEU de naissance et département.	BLESS[URE] où ? quand ?
13	8	**Morin** ANTOINE. de l'ambulance du Corps Législatif.	21	Chasseurs à pied 8e batail. 7e Cie N matricule 2,194.	Paris	L'Hay le 30 se
14	8	**Thiébault** OLIVIER-JOSEPH. de l'ambulance du Corps Législatif.	26	Soldat du 35e reg. de lign. 3e batail. 2e Cie N. matricule 4,488.	Moncontour Côtes-du-Nord	Villeju le 30 se
15	8	**Planchart** ANTOINE. de l'ambulance du Corps Législatif.	28	Soldat du 90e reg. de ligne 4e batail. 6e Cie N matricule . 4106.	Toquebesse Puy-de-Dôme	Villej le 30 se
16	9	**Vichet** JOSEPH-LAURENT. de l'ambulance du Corps Législatif.	24	Soldat du 35e reg. de lign. 1er batail. 3e Cie N matricule 3082.	Schelles Basse-Savoie	Villej le 30 s
17	24	**Bruneau** JULES. de l'ambulance du Corps Législatif.	24	Soldat du 35e reg. de ligne 2e batail. 4e Cie N. matricule 4695.	Figy Loiret	Villej le 30 s
18	24	**Legalle** SÉBASTIEN. de l'ambulance du Corps Législatif.	24	Garde mobile du Finistère 2e batail. 4e Cie	Bourgblanc Finistère	Arcu le 13

NATURE de la blessure. ou maladie.	OPÉRATIONS ou autres procédés chirurgicaux.	SORTIS.	DÉCÈS.
up de fusil perforant la main gauche.	»	3 novembre à l'Intendance	»
Coup de fusil. ...e de la peau du crâne (vertex).	»	24 octobre à l'Intendance.	»
...up de fusil superficiel ...la région pariétale droite (crâne).	»	5 novembre à l'Intendance.	»
Coup de fusil. ...e perforante de la fesse gauche.	»	3 novembre à l'Intendance.	»
Coup de fusil. ...ie contournante de la ...oi gauche du thorax.	»	Convalescent 6 novembre à l'ambulance, 51, rue de la Chaussée-d'Antin.	»
Coup de fusil. ...aie séton à la région iliaque gauche.	»	Convalescent 7 novembre à l'ambulance, 51, rue de la Chaussée-d'Antin.	»

N° du Registre.	Date de l'entrée.	NOM et prénom — Reçu de	Âge.	GRADE et Corps.	LIEU de naissance et département.	Blessé où quand
19	24	**Mignard** PIERRE. de l'ambulance du Corps Législatif.	21	Soldat du 71ᵉ reg. de ligne 4e batail. 1ʳᵉ Cie N. matricule 4798.	Subligny Cher	L'Ha le 30 se
20	nov. 4	**Bize** FRANÇOIS-AUGUSTE. de l'ambulance du Palais de l'Industrie.	20	Sergent 100ᵉ reg. de lig. 4 batail. 4ᵉ Cie N. matricule 3193.	Perpignan Pyrénées Orientales	Bagne le 13 c
21	4	**Suprin** JULES. de l'ambulance du Palais de l'Industrie.	20	Soldat du 69. reg. de lign. 4ᵉ batail. 4. Cie N. matricule. 4424.	Bonvillet Vosges	L'Ha le 30 s
22	5	**Levêque** JOSEPH. de l'ambulance du Palais de l'Industrie.	21	Soldat du 67. reg. de lign. 4. batail. 2. Cie N. matricule 5306.	Engorge Loire-Inf.	Bagne le 13
23	7	**Billard** EUGÈNE. de l'ambulance du Palais de l'Industrie.	21	Garde mobile de la Côte-d'Or. 3ᵉ batail. 2ᵉ Cie	Dijon	Bagne le 13
24	7	**Midan** CLAUDE. de l'ambulance du Palais de l'Industrie.	21	Garde mobile de la Côte-d'Or. 3ᵉ batail. 1ʳᵉ Cie	Côte-d'Or	Bagne le 13

NATURE de la blessure ou maladie.	OPÉRATIONS ou autres procédés chirurgicaux.	SORTIS.	DÉCÈS.
Coup de fusil)uscutané au dos.	«	3 novembre, à l'Intendance.	»
Coup de fusil. perforante de l'articu-)ion du pied droit. cture de l'astragale.	Immobilisation. Incisions. Drainage.	Convalescent 31 janvier 1871, à l'ambulance anglaise 15, rue d'Aguesseau.	»
)p de fusil. Plaie per-e de l'articulation du droit. Fracture de e du péroné.	Immobilisation. Incisions. Drainage.	Transporté le 12 février 1871, en voie de guérison (anky-close), à l'ambulance du Corps Législatif.	»
)p de fusil. Plaie per-e de la jambe droite. re comminutive du ncomplète.	Esquilles enlevées. Nécrotomie.	Convalescent 31 janvier 1871, à l'ambulance anglaise 15, rue d'Aguesseau.	»
de fusil emportant)out du petit doigt gauche.	Amputation à la deuxième phalange du doigt.	Convalescent 23 novembre, à l'ambulance, 134, rue Mac-Mahon.	»
)p de fusil au bras gauche.	Débridement. Extraction de la balle.	En voie de guérison le 23 novembre à l'ambulance, 134, rue Mac-Mahon.	»

N° du Registre.	Date de l'entrée.	NOM et prénom — Reçu de	Âge.	GRADE et Corps.	LIEU de naissance et département.	Bless... o... quan...
25	nov. 18	**Bion** JULES. de l'ambulance du Corps Législatif.	26	Caporal du 36° reg. de lign. 3. batail. 2. Cie N. matricule 5545.	Charleville Ardennes	Malm... le 21
26	27	**Desbeaulieu** GUILLAUME, de l'ambulance du Grand-Hôtel.	21	Soldat du 51. reg. de lign. 3. batail. 4. Cie N. matricule. 6037.	Pouillade Haute-Vienne	Che v... le 30 ...
27	déc. 1	**Fraumont** PIERRE. — Du champ de bataille.	21	Garde mobile du Loiret 2. batail. 3. Cie N. matricule 204.	Altaran à Dufourd Loiret	Champ... le 30
28	1	**Porcherot** AUGUSTE. — Du champ de bataille.	26	Soldat de 1. cl. 4. reg. de zouaves. 1. bat. 3. Cie N. matr. 5795.	Seine-et-Oise	Champ... le 30
29	1	**Figogne** JOSEPH. — Du champ de bataille.	49	Soldat de 1. cl. 4. reg. de zouav. 1. batail. 7. Cie N. matricule 409.	La Meuse	Champ... le 30
30	3	**Duflot** HENRI-JOSEPH. — De l'Hôtel-Dieu.	28	Sergent 136. reg. de lig. 2. batail. 6. Cie N. matricule 1905.	Loos Nord	Champ... le 30

NATURE de la blessure ou maladie.	OPÉRATIONS ou autres procédés chirurgicaux.	SORTIS	DÉCÈS.
Coup de fusil. ...ie séton au scrotum.	«	Convalescent le 28 novembre, 14, rue St-Sauveur.	»
...oup de fusil. Plaie per-...nte de l'épaule. Frac-...comminutive de l'o-...late.	Esquilles enlevées. Nécrotomie de l'omoplate.	En voie de guérison le 20 décembre à l'ambulance, 134, rue Mac-Mahon.	»
...up de fusil aux deux jambes. ...aie d'obus à la fesse. ...grène par congélation.	»	Transporté le 4 dé-cembre 1870 à l'ambulance du Corps Législatif.	»
Coup de fusil. ...laie séton à la paroi ...roite de la poitrine. ...racture d'une côte.	Esquilles enlevées.	9 janvier 1871, à l'Intendance.	»
Coup de fusil. ...racture comminutive ...plète du tibia et péroné ...auche. Congélation.	Immobilisation.	«	Décédé le 13 déc. par septicémie
...up de fusil aux deux mains. ...igts de la main gauche brisés.	Nécrotomie des doigts. Exarticulation du doigt médius gauche.	Convalescent le 31 janvier, à l'ambulance anglaise 15, rue d'Aguesseau.	»

N° du Registre.	Date de l'entrée.	NOM et prénom — Reçu de	Âge.	GRADE et Corps.	LIEU de naissance et département.	Blessé où ? quand
31	déc. 6	**Müller** FRITZ. — D'une ambulance particulière.	27	Volontaire éclaireur de l'état-major du général Ducrot.	Copenhague Danemark	Champi… le 30 n…
32	28	**de Rosencrantz** HENRI. — Du champ de bataille.	22	Sergent volontaire des éclaireurs de l'état-major du général Ducrot.	Stockholm Suède	Bonc… le 28 d…
33	1871 janv 2	**Lochet** LOUIS. de l'ambulance du Corps Législatif.	35	Caporal à la 2. section d'ouvriers. N. matricule 2702.	Moléan Eure-et-Loir	«
34	18	**Grimardias** GABRIEL. — Hôpital de Vincennes.	28	Chasseurs à cheval. 1. regim.	Joze Puy-de-Dôme	Chut… de che…
35 36 37 38 39 40 41 42	26 novembre 1870	Huit malades envoyés par la Mairie.	»	»	»	»

NATURE de la blessure ou maladie.	OPÉRATIONS ou autres procédés chirurgicaux.	SORTIS.	DÉCÈS.
Coup de fusil séton du bras droit.	Débridement. Drainage.	En voie de guérison 29 décembre, à l'ambulance, 29, rue de Berlin.	»
oup de revolver paroi gauche de la trine et à la main gauche.	Incision et extraction de la balle à la poitrine.	Trrnsféré le 29 décembre, chez M. Lewy, 134, boulevard Haussmann.	»
legmone du bras.	Incision. Drainage.	En voie de guérison le 31 janvier, à l'ambulance anglaise 15, rue d'Aguesseau.	»
acture du péroné gauche.	Bandage inamovible.	En voie de guérison le 31 janvier, à l'ambulance anglaise 15, rue d'Aguesseau.	»
1 variola. 1 scabies. febris typhoïdea. 1 dysenteria. ebris catarrhalis.	»	Evacués le 27 novembre à l'hôpital répartiteur de Beaujon.	»

Paris, le 1er mai 1871.

e chirurgien en chef,
Dr E. ARENDRUP.

Le Médecin Directeur,
J. MUNDY.

ANNEXE III.

TABLEAU STATISTIQUE

DES CAS TRAITÉS

DEPUIS LE 22 SEPTEMBRE 1870 JUSQU'AU 31 JANVIER 1871.

PARTIES du Corps.	NATURE de la blessure.	OBSERVATIONS concernant d'autres complications.	ENTRÉS		SORTIS		Décès.	Opérations.	OBSERVATIONS
			directement du champ de bataille.	Venant d'autres ambulances.	Rentrés au Corps.	A d'autres ambulances.			
Tête	Plaies superficielles.	»	»	2	10	»	»	»	
	Plaies avec fracture.	»	»	»	»	»	»	»	
Figure	Plaies superficielles.	»	»	»	»	»	»	»	
	Plaies avec fracture de la mâchoire supérieure.	»	»	»	»	»	»	»	
	Plaies avec fracture de la mâchoire inférieure.	»	»	1	»	1	»	»	
Cou	Plaies superficielles.	»	»	»	»	»	»	»	
	Plaies pénétrantes.	»	»	»	»	»	»	»	
Poitrine	Plaies superficielles.	Un cas avec fracture d'une côte. Un avec blessure de la main.	2	1	1	2	»	1[a]	(a) Extraction de balle . . . .
	Plaies pénétrantes.	»	»	»	»	»	»	»	
Dos	Plaies superficielles.	»	1	1	2	»	»	»	
	Plaies avec fracture.	»	»	1	»	1	»	1[b]	(b) Resection de l'omoplate.
Ventre	Plaies superficielles.	»	»	»	»	»	»	»	
	Plaies pénétrantes.	»	»	»	»	»	»	»	
Bassin	Plaies superficielles.	»	»	2	1	1	»	»	
	Plaies pénétrantes.	»	»	»	»	»	»	»	
Parties génitales	Penis uretre.	»	»	»	»	»	»	»	
	Scrotum testicules.	»	»	1	»	1	»	»	
Articulation de la hanche	Plaies superficielles.	»	»	»	»	»	»	»	
	Plaies avec fracture.	»	»	»	»	»	»	»	
Cuisse	Plaies superficielles.	»	»	»	»	»	»	»	

du Corps.	de la blessure.	concernant d'autres complications.	directement du champ de bataille	Venant d'autres ambulances.	Rentrés au corps.	À d'autres ambulances.	Décès	Opération	OBSERVATIONS.
Jambe	Plaies superficielles.	Un avait 3 blessures et gangrène par congélation.	1	1	»	2	»	»	
Jambe	Plaies avec fracture.	Un avait congélation et alcoolisme, mort par septicémie.	1	1	»	1 [d]	1 [f]	1 [d]	(d) Nécrotomie.
Articulation du pied	Plaies superficielles.	»	»	1	»	1	»	1 [g]	(g) Incisions profondes.
Articulation du pied	Plaies avec fracture.	»	»	»	»	»	»	1	
Pied	Plaies superficielles.	»	»	»	»	»	»	»	
Pied	Plaies avec fracture.	»	»	»	»	»	»	»	
Articulation de l'épaule	Plaies superficielles.	»	»	»	»	»	»	»	
Articulation de l'épaule	Plaies avec fracture.	»	»	1	»	2	»	1	(h) Extraction de balle.
Bras	Plaies superficielles.	»	1	»	»	»	»	»	
Bras	Plaies avec fracture.	»	»	»	»	»	»	»	
Articulation du coude	Plaies superficielles.	»	»	»	»	»	»	»	
Articulation du coude	Plaies avec fracture.	»	»	»	»	»	»	»	
Avant-bras	Plaies superficielles.	»	1	»	»	»	»	»	
Avant-bras	Plaies avec fracture.	»	»	»	»	»	»	»	
Articulation de la main	Plaies superficielles.	»	»	»	1	»	»	»	
Articulation de la main	Plaies avec fracture.	»	»	1	»	»	»	»	
Main	Plaies superficielles.	»	»	»	1	»	»	»	(i) Amputation d'un doigt.
Main	Plaies avec fracture.	»	»	3	»	3	»	2 [k]	(k) Exarticulation d'un doigt et résection de trois doigts.
Contusions et fractures.		»	2	1	1	2	»	»	
Maladies internes.		»	14	»	6	8	»	»	
			23	19	15	26	1	8	
			42		42				

OBSERVATIONS

La propreté et la bonne nourriture ont formé la base de l'hygiène de l'Ambulance, qui a essentiellement contribué aux résultats obtenus.

Le traitement des cas très-graves comme des plaies perforantes des grandes articulations et les opérations chirurgicales ont toutes réussi. *Nous n'avons à déplorer la mort que d'un blessé,* qui avait une jambe fracassée et avait beaucoup souffert du froid pendant les quarante heures qu'il a passées après sa blessure sans des soins convenables. Il avait en outre presque cinquante ans et une constitution défavorable.

Une autre blessé qui avait été atteint par deux balles et un éclat d'obus et avait passé trente-six heures sur le champ de bataille avant d'être ramassé pendant un temps d'hiver très-dur, est arrivé à l'ambulance demi-mort. Une gangrène étendue par congélation s'est développée, et nous avons été obligés de le transporter à l'ambulance du Corps Législatif, afin d'obtenir l'isolation nécessaire. Il a succombé quelques jours après.

L'acide phénique, le permanganate de potasse et le chlorure de chaux ont servi comme désinfectants.

Les pansements ont été faits en général à l'acide phénique (10 0/0) avec l'eau, le cérat ou la glycérine.

Paris, le 1er mai 1871.

Le chirurgien en chef,
Dr ARENDRUP.

Le médecin directeur,
J. MUNDY.

ANNEXE IV.

(Voir page 26 du présent rapport).

RÈGLEMENT DE L'AMBULANCE

Du Palais de la Présidence

DU CORPS LEGISLATIF.

I.

Localités et personnel de l'Ambulance

L'Ambulance comprend dans le Palais de la Présidence :
1 Grande Salle avec la Galerie attenante contenant 50 lits
1 Salon N° 1 contenant 10 lits

1	»	»	2	»	10 lits
1	»	»	3	»	10 lits
1	»	»	4	»	10 lits
1	»	»	5	»	10 lits
1	»	d'Officiers	»		5 lits

Total 105 lits

1 Salle pour la Lingerie.
1 Salle d'opérations chirurgicales.
2 Chambres pour les Sœurs.
1 Cuisine.
2 Caves pour le vin et les Magasins d'Aliments.
1 Chambre mortuaire.

Le personnel de l'Ambulance se compose de :

1 Médecin Directeur.
1 Chirurgien en chef.
2 Aides Chirurgiens (Internes).
1 Aumônier.
1 Comptable.
6 Sœurs de la Congrégation de Bon-Secours.
1 Econome.
1 Directrice de Lingerie.
1 Infirmier chef.
10 Infirmiers.
1 Cuisinière.
1 Aide Cuisinière.
1 Homme pour les courses.
2 Hommes de peine.

II.

Responsabilité

Le Médecin Directeur est seul responsable de tout ce qui a rapport au service hygiénique et diététique, à l'administration, au bien-être et aux soins à donner aux Blessés.

Quant à la situation médico-chirurgicale des Blessés, le chirurgien en chef partage cette responsabilité.

Il en résulte que les deux personnes susnommées ont, seules, le droit de donner des instructions au personnel auxiliaire, qui leur est subordonné, et que ce personnel a le droit d'en appeler aux Médecins de l'Ambulance contre toute instruction non émanée de ces derniers.

Les personnes étrangères à l'Ambulance sont par conséquent requises de vouloir s'abstenir de toute immixtion dans les branches du service, pour éviter la non-exécution des articles du règlement.

La responsabilité et la position du Directeur de l'Ambulance, vis-à-vis de la Société de Secours aux Blessés des Armées sont réglées entre les deux parties par des dispositions spéciales, sur lesquelles le Directeur a fondé, pour la plus grande partie des articles, le règlement de l'Ambulance.

III.

Service Divin, autres cérémonies religieuses.

Le service divin des Dimanches et Fêtes a lieu à 7 heures 1/2 du matin ; il ne doit pas durer au delà de 25 minutes.

Lorsqu'un blessé demandera personnellement l'assistance religieuse, il faut appeler auprès lui M. l'Aumônier et en même temps informer MM. les Médecins dans le cas où le blessé désire l'Administration d'un Sacrement.

Quant aux hommes grièvement blessés et à ceux qui seront en danger de mort, MM. les Médecins auront à juger de l'instant opportun où l'assistance de l'Aumônier ou l'administration d'un sacrement devra être requise.

Les prières du matin et du soir sont faites par les Sœurs, avec tous les égards dus au repos des blessés. La liberté du culte et de la conscience doit rester intacte.

Attendu que la Société de Secours aux Blessés des Armées a fondé cette Ambulance, qu'elle l'entretient à ses frais, sans reculer devant aucun sacrifice, pour prêter aux malades toute l'assistance et tous les soins possibles, il est convenable que dans les prières du soir la prospérité de cet Etablissement de Bienfaisance soit spécialement sollicitée du ciel ainsi que celle des donateurs devant lesquels cette société est moralement responsable.

IV.

Réception et Evacuation des blessés.

Le directeur de l'Ambulance a seul le droit d'ordonner les évacuations sur d'autres Ambulances et les sorties définitives des blessés.

Il vérifiera et jugera personnellement les conditions où se trouvent ces Ambulances et les ressources médico-chirurgicales et alimentaires dont elles peuvent disposer.

Seuls MM. les Médecins, et, en leur absence, MM. les Internes (d'après les instructions qu'ils auront reçues) peuvent recevoir à l'Ambulance des blessés venant du dehors.

Ce sont eux qui désignent la salle et les lits, où les blessés doivent être placés.

V.

Armes, Fourniment, Sacs et Effets militaires, en général.

Tout ce que les Blessés apportent à l'Ambulance en armes et effets militaires, sera pris en dépôt par le magasinier d'armes, qui en est spécialement chargé pour en dresser une liste détaillée par pièce. Il remettra cette liste à **M.** le Comptable.

Les armes à feu doivent être déchargées immédiatement, et remises, ainsi que les armes blanches et le reste du fourniment militaire, au d'épôt d'armes de l'Etat, désigné à cet effet.

Quant aux effets d'habillement, le magasinier aura soin de les remettre en état de propreté convenable, et les tiendra en dépôt, au magasin, pour être rendus, suivant le besoin, aux blessés, soit avant leur sortie, soit au moment de leur sortie de l'Ambulance ; et, en cas de décès, à l'Hôpital militaire du secteur.

VI.

L'entrée à l'Ambulance,

de jour et de nuit, est accordée seulement aux personnages officiels, à MM. les Médecins, Chirurgiens, Internes, Comptable, Econome, aux Sœurs, aux Infirmiers, au personnel de la cuisine, de la cave et des magasins, ainsi qu'au Lampiste.

Les visites aux blessés sont autorisées, tous les jours, entre 2 et 5 heures de l'après-midi.

Des renseignements, sur l'état sanitaire des blessés, ne peuvent être valablement fournis que par MM. les Médecins.

Il est absolument défendu de découvrir les blessés, d'examiner leurs plaies, ou de toucher aux pansements. MM. les Médecins et Internes ont seuls le droit d'agir ainsi.

Chaque fois qu'une personne officielle ou de distinction ou un Médecin viendra honorer l'Ambulance de sa visite, les Sœurs ou les Infirmiers devront en avertir immédiatement MM. les Médecins et Internes et, à leur défaut, M. le Comptable ou M. l'Econome.

L'Entrée dans le Salon de MM. les Officiers est réservée aux personnes étrangères, qui auront été autorisées par MM. les Médecins ainsi qu'à MM. les Internes, Sœurs et Infirmiers de service.

La consigne du poste situé près de la grille, du côté du quai, celle du portier concernant l'entrée et la sortie de l'Ambulance, ainsi que la surveillance du jardin qui l'entoure ; les mesures relatives au chauffage, à l'éclairage général, aux précautions à prendre contre l'incendie, à la conduite d'eau, la propreté qu'il s'agit de maintenir dans la cour et le vestibule, à l'extérieur de l'ambulance, sont l'objet de dispositions, arrêtées d'un commun accord, entre M. le Secrétaire général du Corps Législatif et le Directeur de l'Ambulance.

VII.

Ordre journalier de l'Ambulance.

HEURES

7 h. 1/2	— Déjeuner des Sœurs et des Infirmiers.
7 h. 3/4	— Prière du matin par les Sœurs.
8 h. à 8 1/4	— Déjeuner des blessés.
8 h. 1/4 à 9 h.	— Toilette des blessés.

HEURES.		
9 h. à midi	—	Premier pansement par MM. les Médecins et Internes et ordinations.
12 h. 1/2 à 1 h.	—	Dîner des blessés.
1 h. 1/2 à 2 h.	—	Dîner des Infirmiers.
2 h.	—	Dîner des Sœurs.
2 h. à 5 h.	—	Réception des visiteurs.
5 h. à 6 h. 1/2	—	Second pansement par MM. les Médecins et Internes et ordinations:
6 h. 1/2 à 7 h.	—	Souper des blessés.
7 h. à 7 1/2	—	Souper des Infirmiers.
7 h. à 8 h.	—	Souper des Sœurs.
8 h.	—	Prière du soir et coucher.

VIII.

Service Médico-Chirurgical.

Le Médecin Directeur de l'Ambulance d'accord avec M. le Chirurgien en chef, et prenant conseil du temps et des circonstances, fixera les heures de visites ou ordinations ainsi que celles du service journalier qui, matin et soir, incombe à MM. les Internes.

MM. les Internes auront à faire régulièrement le matin après le déjeuner des blessés, c'est-à-dire à 9 heures, et le soir à 5 heures le pansement des blessés, qui leur auront été désignés par M. le Chirurgien en chef.

Dans tous les cas extraordinaires, (par exemple les jours de bataille et suivants), il n'y aura pas lieu de s'en tenir strictement au temps fixé, établi pour les visites et les pansements.

Pendant la visite et le pansement, personne, à l'exception des Sœurs et des Infirmiers, n'a le droit de rester dans les salles de l'Ambulance, à moins qu'on ne justifie sa présence par une affaire de service.

L'Infirmier en chef est tenu d'accompagner constamment MM. les Médecins et Internes pendant la visite et les différents services médicaux. Pendant ce temps les sœurs se tiendront prêtes à tout service en suivant dans les salles qui leur sont assignées MM. les Chirurgiens d'un lit à l'autre.

Toutes les distributions extraordinaires en linge, aliments, boissons, tabac, friandises de toute sorte etc., ne seront ordonnées que par MM. les Médecins.

Les Sœurs ou l'Infirmier-chef, suivant que les Médecins en ont chargé l'Infirmier-chef ou les sœurs seront personnellement responsables de l'exécution ponctuelle des distributions précitées.

Les statistiques et les résultats obtenus au point de vue de la science sont consignés par les Médecins dans des cahiers spéciaux et seront livrés tous les deux mois à l'autorité.

IX.

Chambre des Opérations — Opérations chirurgicales.

Il n'est permis d'assister aux opérations ni même d'entrer dans la chambre où elles se font, qu'aux personnes admises ou invitées par **MM.** les Médecins et au personnel de service, désigné par MM. les Médecins pour chaque opération.

X.

Pharmacie de l'Ambulance — Pharmacie extérieure.

Outre **MM.** les Médecins, les Internes et M. le Pharmacien de l'Ambulance, le Comptable, l'Econome, les Sœurs, l'Infirmier en chef ont seuls la faculté d'entrer à la pharmacie. Aucune personne ne peut, sans en avoir reçu l'ordre d'une des personnes sus-nommées, prendre ou déposer aucun objet dans la pharmacie.

MM. les Médecins et les Internes ont seuls le droit de délivrer des ordonnances pour la pharmacie extérieure, (Rue de Bour-gogne M. Bornet, propriétaire,). Toute ordonnance délivrée par d'autres personnes est nulle.

La personne chargée de la mise à exécution d'une prescription du médecin en sera toujours seule responsable.

XI.

Bains.

Personne ne peut faire prendre un bain aux blessés de l'Ambu-lance, sans une ordonnance d'un de MM. les Médecins.

MM. les Médecins et Internes verifieront personnellement le degré de chaleur du bain ordonné.

Les Infirmiers ne doivent pas mettre le blessé dans le bain ni l'en retirer sans avoir préalablement consulté les autorités sus-dites.

XII.

Chauffage — Eclairage.

Quant à présent, la chaleur à maintenir dans les salles de l'Ambulance est de 12 à 15 dégrés réaumur pendant le jour et la nuit.

Les infirmiers sont tenus de régler la température sur ce dégré, en ouvrant ou fermant les bouches de chaleur et en invitant de chauffer à cette régulation.

M. l'Infirmier-chef et les infirmiers sont responsables, quant au maintien de ce degré de température. Ils sont tenus de prendre toutes les précautions nécessaires contre les dangers d'incendie.

A 4 heures et demie, ou, sitôt que le jour disparaît, les lampes doivent être mises en place dans toutes les salles.

A 9 heures du soir il ne doit rester dans la grande salle qu'une lampe à chacune des extrémités ; dans les autres salles, une seule lampe par pièce devra brûler pendant toute la nuit et jusqu'au point du jour.

A partir de 9 heures du soir, il est défendu à qui que ce soit de parler haut, de lire et de fumer dans les salles.

XIII.

Ventilation.

Les mesures relatives à la ventilation et à l'ouverture des portes, fenêtres, vasistas etc., seront dirigées suivant les instructions de MM. les Médecins, par l'Infirmier en chef, et mises à exécution par les infirmiers.

M. l'infirmier en chef est directement responsable de la bonne exécution des instructions données à cet égard par MM. les Médecins.

XIV.

Cabinet d'aisance — Ordures.

Un homme de peine est spécialement chargé du service de nettoyage et de désinfection des lieux d'aisance, toutefois les infirmiers doivent soigneusement éviter de mouiller ou salir inutilement ces lieux.

Il est défendu de jeter dans les lieux d'aisance les restes de pansement, la charpie usée. Tous ces débris seront disposés à l'endroit indiqué dans l'article XVI du présent règlement.

XV.

Service de jour et de nuit.

Dans la grande salle (ou salle de bal) y compris la galerie, le service de jour sera fait constamment par trois Sœurs et deux Infirmiers.

Les 5 Salons seront desservis chacun par un Infirmier, trois Sœurs desserviront l'ensemble de ces 5 Salons.

Le service permanent de nuit sera fait (attendu que les Infirmiers sont relevés toutes les 24 heures) par deux Infirmiers dans la grande Salle et la galerie, et par 3 Infirmiers dans les 5 Salons et dans le Salon de MM. les Officiers.

M. l'Infirmier-chef reste chargé de la surveillance des Infirmiers le jour et la nuit dans toutes les salles ; tous doivent se conformer à ses ordres.

Le placement et le transbordement des blessés d'un lit à l'autre seront faits par les Sœurs avec l'aide des Infirmiers. Elles auront soin aussi de laver la figure, les mains, les pieds des blessés, de les peigner, de leur couper les ongles etc.

Le transbordement des blessés d'un lit à l'autre ou le changement de place du lit même, ne seront effectués que sur les ordres de MM. les Médecins.

Il paraît inutile de recommander aux Infirmiers la politesse et les égards, dus à tout le monde, mais, tout spécialement aux hommes qui ont exposé leur vie et qui ont été blessés pour le bien public de leur patrie.

Les livres, dont il sera fait usage pour le délassement des blessés, seront soigneusement remis dans la bibliothèque par les sœurs ou les infirmiers.

XVI.

Propreté des Salles et Salons.

Les Infirmiers sont strictement responsables de la propreté des Salles et Salons.

Immédiatement après le pansement du matin et du soir terminé dans une salle, ils doivent la nettoyer avec tous les soins possibles.

Ce nettoyage doit être terminé, en 20 minutes, dans la salle principale (Salle de Bal) et la Galerie attenante; dans chacun des autre Salons, en dix minutes.

Les objets de vaisselle, tels que couverts, assiettes, verres; les urinoirs, les vases de nuit etc., doivent être tenus constamment dans un état de grande propreté. Tous les meubles: tables, chaises, banquettes, le parquet etc., doivent être soigneusement époussetés, purifiés et maintenus constamment dans l'état de propreté le plus parfait.

La propreté de tous les objets de l'Ambulance, fenêtres, portes etc. doit être entretenue jour et nuit; la propreté du parquet tout particulièrement et de la vaisselle en général.

Les débris de charpie, les restes de tabac, cigares, ou cigarettes, les bouteilles vides etc., doivent être immédiatement enlevés.

Les bandes, bandages, serviettes et autres objets de lingerie capables d'être blanchis seront transportés immédiatement après usage, au hangar désigné pour les recevoir. Quant aux objets à jeter, tels que charpie employée, on les transportera et déposera à l'endroit désigné a cet effet derrière la grille du jardin de la colonnade du corps de bâtiment principal.

Les Infirmiers, ainsi que M. l'Infirmier-chef, sont toujours responsables de la propreté des salles de l'Ambulance, et des objets qui s'y trouvent, tandis que les Sœurs auront exclusivement à surveiller l'état de propreté des bléssés, de leur linge et de leur literie.

Il est permis aux blessés de fumer dans l'Ambulance, pendant le jour et hors des heures de pansement et des heures de repos.

Cette permission n'est pas accordée aux personnes qui visitent les blessés.

Des instructions particulières règlent le service de la cuisine, de la cave, de la lingerie, ainsi que les autres besoins et extras destinés au salon de MM. les Officiers.

Le service de jour et de nuit au salon de MM. les Officiers est fait par une Sœur et un Infirmier.

XVII.

Chambre mortuaire.

Tout cas de décès doit être immédiatement notifié par les Sœurs ou les Infirmiers à MM. les Médecins ou Internes.

Après avoir constaté le décès, MM. les Médecins veillent à ce que le défunt soit transféré, avec toute la décence commandée par la circonstance, dans la chambre mortuaire, (située dans la Cour extérieure du Palais, vers la Seine).

M. l'Infirmier-chef est responsable de la ventilation, de la propreté et de la désinfection immédiate du lit et de la literie ayant servi au défunt, ainsi que de la propreté et de la désinfection de la chambre mortuaire.

Les effets, laissés par le défunt, seront, immédiatement après le décès, recueillis par les Sœurs ou les Infirmiers qui les remettront à M. le Comptable. Celui-ci reste chargé du soin de faire enlever et transporter le défunt à l'hôpital du Secteur (Secteur du Gros-Caillou) pour être inhumé. La succession du défunt sera consignée, contre reçu, audit Hôpital, avec les effets militaires.

XVIII.

Lingerie et blanchissage.

La directrice de la lingerie est tenue de fournir, du dépôt principal aux petits assortiments des Sœurs, la quantité de linge nécessaire pour que le service chirurgical des blessés puisse toujours marcher sans encombre.

La remise du linge sale au blanchissage, y compris les bandages, matelas, oreillers, coussins etc, ainsi que la réception du linge blanchi, sont du ressort de la directrice de la lingerie qui en est responsable.

Le soin de faire approvisionner la lingerie de l'Ambulance, par la lingerie centrale de la Société de Secours aux blessés, appartient à la Direction de l'Ambulance ; il en est de même pour toute espèce d'approvisionnements.

XIX.

Service de la Cuisine.

La cuisinière reçoit journellement de M. l'Econome toutes les matières de consommation.

La cuisinière propose chaque soir le menu du lendemain d'après les instructions orales qu'elle aura reçues du Médecin-Directeur de l'Ambulance. Ce menu sera porté par M. l'Econome sur un livret spécial, et une copie sera affichée dans la cuisine.

La cuisinière est responsable de la conservation et des bons soins à donner aux animaux vivants, destinés à l'alimentation. Elle est assistée dans son service d'une aide-cuisinière et de deux hommes : l'un, pour faire les courses et les travaux du dehors, l'autre pour le service de la grosse vaisselle.

XX.

Caves, Garde-manger et Magasins.

La cave et les magasins d'approvisionnement et de matériel sont placés sous la surveillance exclusive de l'Econome et du Comptable.

Ils en sont seuls responsables vis-à-vis du Directeur, seuls ils tiennent les inventaires, et ont seuls le droit de faire les recettes et les dépenses, sous l'obligation d'avoir à tenir exactement leurs livres de dépense et de comptabilité.

XXI.

Achats et distributions de toute sorte.

Personne n'a le droit de faire des achats pour l'Ambulance ; ni de faire des distributions d'effets, ou de matériaux etc, sans l'ordre ou acquiescement du Directeur. Tout achat doit être payé au complant après livraisons et toujours contre quittance immédiate.

XXII.

Réception ou remise des objets qui arrivent à l'Ambulance et qui en sortent.

Les lettres, journaux, cartes de visites, paquets de toute sorte seront remis dès leur réception, aux destinataires, par ceux qui les auront reçus.

Les objets destinés à l'Ambulance seront reçus exclusivement par MM. les Médecins, Internes, Comptable ou Econome, leur quittance est seule valable.

XXIII.

Demandes de renseignement, Reçus, Mandats de paiemen, etc Rapports, Etats, Listes officielles.

Le Directeur a seul le droit de recevoir, de signer et d'expédier ces pièces, ou de les faire expédier et signer par celui qu'il aura délégué *ad hoc*.

Une fiche est placée à côté de chaque lit : elle relate tous les renseignements désirables, sur le blessé qui occupe le lit auprès duquel elle se trouve.

En outre, des listes des blessés et des mutations, survenant dans l'Ambulance, seront tenues au jour le jour et fournies, au fur et à mesure des mutations, par M. le Comptable de l'Ambulance. Une liste nominative des blessés est déposée chez le Concierge de la grille du quai pour la commodité des visiteurs ; elle sera constamment rectifiée par M. le Comptable.

XXIIII.

Cas extraordinaires.

En présence d'incidents extraordinaires lorsqu'il s'agira de donner immédiatement un renseignement, un conseil, ou de prêter assistance, il faudra avertir sans retard, à toute heure de jour ou de nuit, MM. les Médecins, Internes, Comptable ou Économe, et les appeler au besoin.

Le Directeur rend personnellement responsables toutes les personnes de l'Ambulance de la stricte observation des précautions à prendre pour éviter le danger d'un incendie.

Fait à Paris, le 19 Septembre 1870, à l'Ambulance du Palais de la Présidence du Corps Législatif.

Le Médecin-Directeur,

J. MUNDY.

www.ingramcontent.com/pod-product-compliance
Ingram Content Group UK Ltd.
Pitfield, Milton Keynes, MK11 3LW, UK
UKHW021257180726
13837UKWH00007B/1253